الصّيّاد و العُمْلة المعْدنية

كتبْها مُحمّد صُبْحي

The Fisherman
and the Coin

Egyptian Arabic Reader – Book 8
by Mohamed Sobhy

lingualism

ISBN: 978-1-949650-17-4

Written by Mohamed Sobhy

Edited by Matthew Aldrich

Cover art by Duc-Minh Vu

Audio by Heba Salah Ali

website: www.lingualism.com

email: contact@lingualism.com

Introduction

The **Egyptian Arabic Readers** series aims to provide learners with much-needed exposure to authentic language. The books in the series are at a similar level (B1-B2) and can be read in any order. The stories are a fun and flexible tool for building vocabulary, improving language skills, and developing overall fluency.

The main text is presented on even-numbered pages with tashkeel (diacritics) to aid in reading, while parallel English translations on odd-numbered pages are there to help you better understand new words and idioms. A second version of the text is given at the back of the book, without the distraction of tashkeel and translations, for those who are up to the challenge.

New to this edition: the English translations have been revised for improved clarity and accuracy. Each story now also includes **20 comprehension questions** with example answers to help reinforce your understanding of the text. A **sequencing exercise** is provided as well, where you'll put ten key events from the story back in their correct order. These additions make the book even more useful for self-study, classroom use, or group discussions.

Visit www.lingualism.com/audio, to stream or download the free accompanying audio.

This book is also available in Modern Standard Arabic at www.lingualism.com/msar.

الصّيّاد و العُمْلة المعْدنية

في إسْكِنْدِرية، دايماً فيه اِتْنين صُحاب بِيِمشوا سَوا كُلّ يوْم الصُّبْح و يِروحوا يِصْطادوا. واحِد مِنْهُم كان صيّاد و التّاني كان راجِل عجوز و كِبير في السِّنّ و مبْيِشْتغلْش.

الرّاجِل العجوز راح لِلشّطّ، و شايِل معاه السِّنارة بِتاعْتُه و شايِل الصّنْدوق الخشبي الكِبير اللي بِيْحُطّوا فيه السّمك.

الرّاجِل العجوز قال لِلصّيّاد: "شايِف السِّنّارة[1] الجِديدة؟ مين دِلْوَقْتي فينا اللي صيّاد يا صيّاد؟"

الصّيّاد ضِحِك و قال: "مِنوّرْني واللّهِ يا حاجّ[2]، يَلّا بِسُرْعة بقى عشان السّمك النّهارْده كِبير و كِتير أوي أوي."

الرّاجِل العجوز ردّ: "الصّيْد بِيْعلِّم الصّبْر، و إنْتَ برْضُه لِسّه مبْتِصْبرْش."

الصّيّاد قال: "ماشي يا حاجّ، مقْبولة مِنّك!"

الرّاجِل العجوز ركِّب الطُّعْم في السِّنّارة و قعد على الكُرْسي اللي على الكورْنيش و حدف السِّنّارة.

In Alexandria, there are always two friends who walk together every morning and go fishing. One of them is a fisherman, and the other is an old man, elderly and not working.

The old man went to the shore, carrying his fishing rod and the big wooden box where they put the fish.

The old man said to the fisherman, "See the new fishing rod? Now which one of us is the real fisherman, fisherman?"

The fisherman laughed and said, "You're lighting up my day, really, Hajj! Come on, hurry up now—the fish today are big and plenty, really a lot!"

The old man replied, "Fishing teaches patience, and you still haven't learned to be patient."

The fisherman said, "Alright, Hajj, I'll let that one slide coming from you!"

The old man baited the hook and sat on the chair on the corniche and cast the rod.

---

[1] سِنّارة (سنايِر) can be used to mean both fishing rod/pole and fish hook.

[2] حاجّ lit. *hajji* (pilgrim) is a respectful form of address to an elderly man (regardless whether he has actually completed the hajj to Mecca). For a woman, it is حاجّة.

الصّيّاد قال: "هُوَّ إنْتَ جِبْت السِّنّارة دي إمْتا يا حاجّ؟ و مِنين؟"

الرّاجِل العجوز قال: "أنا لِسّه جايِبْها إمْبارِح، مِن المحلّ اللي جنْب القهْوَة."

الصّيّاد قال: "و اِشْتريْتْها ليْه بقى؟"

الرّاجِل العجوز قال: "لمّا لقيْت إنيّ باجي بقْعُد معاك و مبعْمِلْش حاجة قُلْت أشْترِيها و أصْطاد معاك بدل ما أنا أقْعُد مبعْمِلْش حاجة."

الصّيّاد قال: "تِنوّر دايْماً يا حاجّ. كِفايَة وُجودك معايا."

الرّاجِل العجوز سألُه: "هُوَّ إبْنك مجاش معاك ليْه النّهارْده؟"

الصّيّاد ردّ: "الوَلد قاعِد يِقوليّ 'عايِز أطْلع ظابِط يا بابا، عايِز أطْلع ظابِط يا بابا!' و مبقاش بِيْحِبّ الصّيْد خلاص."

"معَ إنّ الصّيْد حِلْو! بسّ سيبُه بِراحْتُه. عُقْبال ما تِشوفُه ظابِط إنّ شاء اللّه."

"نِفْسي أشوفُه راجِل كِبير واللّهِ كِده يا حاجّ."

"خلّيه يِلْعب رِياضة و يِروح الجيم عشان يِبْقى ظابِط قَوي كِده."

و فجْأه، الدُّنْيا بدأِت تِمطّر.

The fisherman said, "When did you get that fishing rod, Hajj? And from where?"

The old man said, "I just got it yesterday, from the shop next to the coffeehouse."

The fisherman said, "So why did you buy it then?"

The old man said, "When I saw I always come sit with you and don't do anything, I said I'd buy it and fish with you instead of just sitting around doing nothing."

The fisherman said, "You're always welcome, Hajj. Just having you here is enough."

The old man asked him, "Why didn't your son come with you today?"

The fisherman replied, "The boy keeps telling me, 'I want to become an officer, Dad! I want to become an officer!' He doesn't like fishing anymore."

"Even though fishing is nice! But let him be. May you live to see him become an officer, God willing."

"I wish to see him grow up into a man, really, Hajj."

"Let him play sports and go to the gym so he can become a strong officer like that."

Suddenly, it started to rain.

الصّيّاد قال: "أيْه المطر ده كُلُّه؟"

الرّاجِل العجوز ردّ: "أَيْوَه فِعْلاً... كُلّ مرّة مبِتْكونْش كِتير أوي[1] كِده."

"سقْعان يا حاجّ؟ أدّيلك الچاكيت بِتاعي؟"

"لأ الجوّ حِلْو. أنا بحِبّ المطر... بسّ إنْتَ عارِف الجوّ ده مِحْتاج أيْه؟"

"أيْه؟"

"كوبّايةْ شاي و بِالنّعْناع!"

"بسّ كِده؟ هروح أجيبْلك دِلْوَقْتي حالاً."

"لأ، اِسْتنّى اِسْتنّى! مِش دِلْوَقْتي. لمّا نِخلّص صيْد الأوِّل و لمّا المطرة تِبْقى قُليِّلة."

الصّيّاد قال: "إحْنا في الشِّتا... يَعْني المطر هتْلاقيه كُلّ يوْم طول النّهار و طول اللّيْل!"

قعد الصّيّاد و الرّاجِل العجوز يِصْطادوا، و كُلّ ما يِصْطادوا سمكة يِحُطّوها في الصّنْدوق الخشبي اللي معاهُم. و فِضْلوا يِحُطّوا في الصّنْدوق لِحدّ ما اتْملى.

و فجْأه الرّاجِل العجوز حسّ إنُّه اِصْطاد سمكة تِقيلة.

[2:48]

The fisherman said, "What's with all this rain?"

The old man replied, "Yeah, really... every time it's never this heavy."

"Are you cold, Hajj? Should I give you my jacket?"

"No, the weather's nice. I love the rain... but you know what this kind of weather needs?"

"What?"

"A cup of tea with mint!"

"That's it? I'll go get it for you right now!"

"No, wait, wait! Not now. Let's finish fishing first, and wait till the rain calms down."

The fisherman said, "It's winter... so you'll find it raining all day and all night!"

The fisherman and the old man kept fishing, and every time they caught a fish, they'd put it in the wooden box they had. They kept adding fish until the box was full.

Suddenly, the old man felt like he had caught a heavy fish.

---

[1] كُلّ مرّة مبِتْكونْش كتير أوي lit. *every time it is not very much*

و قال لِلصّيّاد: "اِلْحق! اِلْحق! شِدّ معايا بِسُرْعة!"

قام الصّيّاد شدّ السِّنّارة معاه و طلّعوا سمكة كِبيرة.

الرّاجِل العجوز قال: "ياه! دي كانِت صعْبة أوي!"

الصّيّاد قال: "أيْوَه، أَوْقات بِيْكون السّمك صعْب إنّك تِصْطادُه و مُمْكِن ياكُل الطّعْم و متِعْرفْش تِصْطادُه كمان."

الرّاجِل العجوز قال: "بسّ كِبيرة، حجْمها حِلْو!"

"ربِّنا يِباركْلك فيها يا حاجّ!"

الصّيّاد طلّع السِّنّارة و لقى سمكة صُغيّرة. و قال: "معْرفْش أيْه الأحْجام دي... أنا أرْميها أحْسن."

الرّاجِل العجوز ردّ: "لأ لأ مترِمْيهاش. طالما اصْطادْتها يِبْقى سيبْها."

"اللي تِشوفُه يا حاجّ."

و قام رامي السّمكة في الصّنْدوق الخشبي الكِبير. و سِمْعوا صوْت عُمْلة معْدنية كإنّها اِتْخبطِت في الصّندوق. بصّ الرّاجِل العجوز و الصّيّاد لِلصّنْدوق الخشبي، و لقوا فيه عُمْلة مَوْجودة في الصّنْدوق.

الصّيّاد قال: "هُوَّ أيْه دي؟"

[4:05]

He said to the fisherman, "Help! Help! Pull with me, quickly!"

The fisherman pulled the rod with him and they pulled up a big fish.

The old man said, "Wow! That was really hard!"

The fisherman said, "Yeah, sometimes it's hard to catch fish—they might eat the bait and you still can't catch them."

The old man said, "But it's big, such a nice size!"

"May God bless it for you, Hajj!"

The fisherman pulled up the rod and found a small fish. He said, "I don't know what these sizes are... better I throw it back."

The old man replied, "No, no, don't throw it back. If you caught it, then keep it."

"Whatever you say, Hajj."

He threw the fish into the big wooden box. Then they heard the sound of a metal coin as if it hit the box. The old man and the fisherman looked into the wooden box and found a coin inside.

The fisherman said, "What's this?"

الرّاجِل العجوز مِسِكْها و قال: "بايِن إنّها عُمْلة معْدنية تاريخية."

"أيْوَه... غالْيَة يَعْني؟"

الرّاجِل العجوز ردّ: "أَيْوَه، غالْيَة. هتدّيها لِلمتْحف بِتاع البلد و هَيِدّوك فِلوس كتِير."

"بسّ أنا كُنْت بفكّر أبيعْها."

الرّاجِل العجوز قال: "لَوْ بِعْتها متِضْمنْش إنّها تِضيع، إنمّا في المتْحف عُمْرها ما هتْضيع."

الصّيّاد ردّ: "مِش مُهِمّ تِضيع وَلّا متْضيعْش. هكون خدْت الفِلوس خلاص."

الرّاجِل العجوز قال: "بسّ دي قبْل ما تِكون بِتاعْتك، بِتاعِةْ بلدك."

"خلاص خلاص هوَدّيها المتْحف. كِفايَة صيْد كِده النّهارْده بقى عشان نِهايِةْ اليوْم الحِلْوَة دي."

الرّاجِل العجوز ضِحِك و قالُّه: "ماشي يَلّا!"

الصّيّاد قال: "هسيبْها هِنا عشان متُقعْش مِنّي[1] عنْد القهْوَة و أنا بجيب الشّاي."

[5:32]

The old man picked it up and said, "Looks like a historical coin."

"Yeah... meaning it's valuable?"

The old man replied, "Yes, valuable. You'll give it to the town museum and they'll give you a lot of money."

"But I was thinking of selling it."

The old man said, "If you sell it, you can't guarantee it won't be lost. But in the museum, it will never be lost."

The fisherman replied, "Doesn't matter if it gets lost or not. I'll already have taken the money."

The old man said, "But before it's yours, it belongs to your country."

"Alright, alright, I'll take it to the museum. That's enough fishing for today—what a nice ending to a lovely day."

The old man laughed and said, "Alright, let's go!"

The fisherman said, "I'll leave it here so I don't drop it at the coffee shop while I'm getting the tea."

----

[1] متُقعْش منّي lit. *it doesn't fall from me*

❖ ❖ ❖

راح الصّيّاد لِلقهْوَة بِسُرْعة.

الصّيّاد قال لِلقهْوَجي: "لَوْ سمحْت، عايِز اِتْنين شاي في كوبّايْتيْن كُبار و حُطّ معْلقْتيْن سُكّر في كُلّ كوبّايَة فيهُم."

القهْوَجي ردّ: "عيْنيّا حاضِر!"

و قعد القهْوَجي يِتْكلِّم معَ الصّيّاد، و كان بايِن إنّ الصّيّاد مِسْتعْجِل.

القهْوَجي قال: "إنْتَ مِسْتعْجِل؟"

الصّيّاد قال: "أَيْوَه، مِسْتعْجِل و فيه واحِد مِسْتنّيني."

"طيِّب، كان فيه مُشْكِلة في النّار بسّ فا كُنْت بصلّحْها.

"اِتْصلّحِت يَعْني وَلّا أمْشي؟"

"لأ لأ، اِتْصلّحِت خلاص. خمس دقايِق بسّ."

خد الصّيّاد الشّاي و راح لِلرّاجِل العجوز بِسُرْعة.

لكِن الصّيّاد ملْقاش الرّاجِل العجوز. حطّ الشّاي على الكُرْسي و فِضِل يِدوّر عليْه، و كمان ملْقاش السِّنّارة بِتاعْتُه.

الصّيّاد قال لِنفْسُه: "هُوَّ الرّاجِل العجوز ده طِلِع حرامي وَلّا أيْه؟"

✧ ✧ ✧

The fisherman went quickly to the coffee shop.

The fisherman said to the coffee shop owner, "Please, I want two teas in big glasses, and put two spoons of sugar in each one."

The coffee shop owner replied, "You got it!"

The coffee shop owner sat talking with the fisherman, and it was clear the fisherman was in a hurry.

The coffee shop owner said, "Are you in a hurry?"

The fisherman said, "Yeah, I'm in a hurry and someone's waiting for me."

"Okay, there was a problem with the stove, so I was fixing it."

"So is it fixed, or should I leave?"

"No, no, no, it's fixed now. Just five minutes."

The fisherman took the tea and hurried back to the old man.

But the fisherman didn't find the old man. He placed the tea on the chair and kept looking for him—and also didn't find his fishing rod.

The fisherman said to himself, "Was that old man a thief or what?"

فِضِل الصّيّاد يِدوّر على الرّاجِل العجوز بسّ ملْقاهوش.

الصّيّاد سِمِع دَوْشة كِبيرة و ناس كِتير واقْفين، فا راحْلُهُم بِسُرْعة و هُوَّ بِيِجْري.

الصّيّاد قال: "فيه أيه يا جماعة؟ فيه أيْه؟"

و هِنا شاف الصّيّاد الرّاجِل العجوز بِيِتْخانِق معَ شابّ و بِيْشِدّ مِنُّه الصّنْدوق الخشبي.

الرّاجِل العجوز قال بِصوْت عالي: "اِلْحق الوَلد ده، ده حرامي!"

الصّيّاد فِضِل يِشِدّ مِنُّه الصّنْدوق و هُوَّ بِيْبُصّ على العُمْلة المعْدنية في الصّنْدوق الخشبي و مِش لاقيها.

و فجْأه دخل عليْهُم موتوسيكْل بِسُرْعة، و عليْه واحِد، و شدّ الحرامي و الصّنْدوق الخشبي و جِرْيوا بِالموتوسيكْل.

الصّيّاد جري وَرا الموتوسيكْل لكِن الموتوسيكْل كان سريع و هِرْبوا بيه.

الصّيّاد فِضِل يِزعّق و يِقول بِصوْت عالي: "اِمْسِكوه! اِمْسِكوه! ده حرامي!"

و بعْديْن بصّ لِلرّاجِل العجوز و قال: "كِده خلاص؟ كُلُّه اِتْسرق؟"

الرّاجِل العجوز ردّ عليْه و قال: "متِقْلقْش... اِتْطمِّن[1]!"

[8:05]

The fisherman kept looking for the old man, but couldn't find him.

The fisherman heard a loud commotion and saw a crowd of people standing, so he ran over to them quickly.

The fisherman said, "What's going on, everyone? What's happening?"

Then the fisherman saw the old man arguing with a young guy, pulling the wooden box from him.

The old man shouted loudly, "Stop him! This boy is a thief!"

The fisherman kept pulling the box from him while looking for the coin inside the wooden box—but it wasn't there.

Suddenly, a motorcycle sped toward them, with someone on it, grabbed the thief and the wooden box, and sped off.

The fisherman ran after the motorcycle, but it was too fast, and they got away.

The fisherman kept shouting loudly, "Catch them! Catch them! He's a thief!"

Then he looked at the old man and said, "That's it? Everything's been stolen?"

The old man replied, "Don't worry... it's alright!"

---

[1] اِتْطَمِّن lit. rest assured

الصّيّاد قال: "أتْطمِّن إزّاي بسّ؟ ده مُسْتحيل نِعْرف نِلاقيها تاني."

الرّاجِل العجوز ردّ: "أنا خدْت السِّنّارة معايا و أنا رايِح. خُفْت لتِتْسرِق[1] هِيَّ كمان. خُد سِنّارْتك أهيْ."

"أنا مِش عايِز السِّنّارة. أنا عايِز العُمْلة اللي لقيْناها دي."

الرّاجِل العجوز قالُّه: "زيّ ما لقيْتها هتْلاقي غيرْها، متِقْلقْش."

الرّاجِل العجوز فِضِل يِطبْطب على كِتْف الصّيّاد و قعدوا في الأرْض.

و كان الصّيّاد حاطِط إيديْه الاِتْنيْن على وِشُّه. و أوِّل ما شال إيدُه مِن على وِشُّه، شاف العُمْلة قُدّامُه على الأرْض. بصّ الصّيّاد لِلرّاجِل العجوز و شاوِرْله على العُمْلة المعْدنية. اِبْتسم الرّاجِل العجوز و بعْد ما الصّيّاد خد العُمْلة المعْدنية فِضِل يِضْحك.

الرّاجِل العجوز قال: "شُفْت بقى؟ رِجْعِتْلك لِوَحْدها أهيْ."

الصّيّاد ردّ: "أنا مِش مِصدّق نفْسي... و مِش مُشْكِلة السّمك، عادي نِصْطادُه بُكْره. إنّما دي هنْلاقيها إزّاي؟"

الرّاجِل العجوز قال: "إنْتَ محْظوظ إنّها وِقْعِت. تِلاقيها وِقْعِت لمّا كُنّا بِنْشِدّ الصّنْدوق قُدّام بعْض."

[9:35]

The fisherman said, "How can I not worry? There's no way we'll find it again."

The old man replied, "I took the fishing rod with me when I left. I was afraid it might get stolen too. Here's your rod."

"I don't want the rod. I want the coin we found."

The old man said to him, "Just like you found it, you'll find another one. Don't worry."

The old man kept patting the fisherman's shoulder and they sat together on the ground.

The fisherman had both hands on his face. And as soon as he removed his hands, he saw the coin in front of him on the ground. The fisherman looked at the old man and pointed to the coin. The old man smiled, and after the fisherman picked up the coin, he started laughing.

The old man said, "See? It came back to you on its own."

The fisherman replied, "I can't believe it... and the fish, no problem, we can catch more tomorrow. But how would we ever find this again?"

The old man said, "You're lucky it fell out. It must have fallen when we were pulling the box together."

---

[1] ل *la-* (+ bare imperfect verb) lest; not to be mistaken with لِ *li-* in order to.

"أَيْوَه، أنا مبْسوط أوي!"

راح الصّيّاد و الرّاجِل العجوز لِلبيْت.

و الصّيّاد وَرّاها لِمراتُه و وِلادُه و قالّها: "لوْلا إنيّ كُنْت محْظوظ كان زمانْها ضاعِت و معْرِفْتِش أجيبْها تاني. و دي مُهِمّة أوي لِدرجِةْ إنّ الحاجّ صاحْبي قالّي لازِم أوَدّيها لِلمتْحف."

مراتُه كانِت مبْسوطه بِإنّ الصّيّاد لقى العُمْلة المعْدنية التّاريخية دي.

و بعْدها قام الصّيّاد و قال: "هروح القهْوَة بقى أشوف سِعْرها هَيْكون كام."

مراةْ الصّيّاد قالِت: "بسّ إنْتَ قُلْت إنّك هتْوَدّيها المتْحف زيّ ما الرّاجِل العجوز قالّك."

"هُوَّ أنا هنْزِل أبيعْها يَعْني؟ ده أنا هشوف سِعْرها بسّ!"

نِزِل الصّيّاد لِلقهْوَة بِسُرْعة و جمّع صُحابُه.

الصّيّاد قال: "أيْه رأيْكو في العُمْلة المعْدنية التّاريخية الجميلة دي؟"

[11:09]

"Yeah, I'm really happy!"

The fisherman and the old man went home.

❖   ❖   ❖

The fisherman showed it to his wife and kids and said, "If I hadn't been lucky, it would've been lost for good, and I wouldn't have been able to get it back. It's so important that my friend Hajj told me I must take it to the museum."

His wife was happy that the fisherman had found the historical coin.

Then the fisherman got up and said, "I'm going to the coffee shop now to see how much it's worth."

The fisherman's wife said, "But you said you'd take it to the museum, like the old man told you."

"I'm not going to sell it, am I? I'm just going to see how much it's worth!"

❖   ❖   ❖

The fisherman went down to the coffee shop quickly and gathered his friends.

The fisherman said, "What do you all think of this beautiful historical coin?"

القهْوَجي قال: "إنْتَ لقيْتْها إزّاي دي؟"

"لقيْتْها في البحْر. اِصْطادْتها بِالصُّدْفة."

واحِد مِن اللي مَوْجودين قال: "يا عمّ، دي حِتِّةْ حديدة ملْهاش لازْمة."

واحِد تاني قال: "هِيَّ ليها لازْمة بسّ مِش هتْجيب فِلوس كِتير."

واحِد تالِت قال: "بُصّ، أنا عارِف ناس بِتْحِبّ تِشْترِي الحاجات دي. هَوَرّيهالْهُم و أقولّك بِكام."

الصّيّاد قال: "لأ لأ، أنا باخُد رأْيُكو بسّ. شايْفين إنّ سِعْرها يِكون كام يَعْني؟"

الأصْوات كانِت عالْيَة و الصّيّاد مسْمِعْش حاجة و اِتْضايِق. قام سايِبْهُم و ماشي.

واحِد راح لِلصّيّاد بِسُرْعة و قالُّه: "أنا عايِز أتْكلِّم معاك. هات العُمْلة دي و هبيعْهالك بِفْلوس كِتير أوي. و أنا بِعْت حاجات قبْل كِده زيّها."

الصّيّاد ردّ: "لأ، مِش عايِز. مِش هبيعْها خلاص."

الرّاجِل قالُّه: "خلاص إنْتَ الخسْران[1]."

[12:20]

The coffee shop owner said, "How did you find that?"

"I found it in the sea. I caught it by chance."

One of the people there said, "Man, that's just a piece of useless metal."

Another said, "It's worth something, but it won't bring in much money."

A third said, "Look, I know people who like to buy things like this. I'll show it to them and tell you how much it's worth."

The fisherman said, "No, no, no, I'm just asking for your opinions. What do you think it might be worth?"

The voices got loud and the fisherman couldn't hear anything and got annoyed. He left them and walked away.

Someone rushed over to the fisherman and said, "I want to talk to you. Give me the coin and I'll sell it for a lot of money. I've sold stuff like this before."

The fisherman replied, "No, I don't want to. I'm not selling it anymore."

The man said to him, "Fine, your loss."

---

[1] خِسْران lit. (active participle) losing, loser

مِشي الصّيّاد و هُوَّ ماشي سِمِع الرّاجِل بِيْناديه. و لمّا بصّ الصّيّاد ليه، الرّاجِل قالُّه: "هدّيك ألْف جِنيْه و آخُد العُمْلة دي." الصّيّاد مردِّش عليْه و مِشي.

❖ ❖ ❖

صِحي الصّيّاد تاني يوْم على صوْت تخْبيط باب.

الصّيّاد قام و فتح الباب، لقى اِتْنيْن ظُبّاط واقْفين معَ بعْض.

و قالوله: "إنْتَ الصّيّاد اللي لقى العُمْلة المعْدنية؟"

الصّيّاد ردّ: "أَيْوَه أنا و كُنْت هروح النّهارْده أوَدّيها المتْحف."

واحِد مِنْهُم قالُّه: "إنْتَ اِرْتكبْت جريمة بِإنّك خبّيْت العُمْلة المعْدنية و مَوَدّيْتهاش المتْحف في نفْس اليوْم."

الصّيّاد خاف و قالُّهُم: "أنا مكُنْتِش عارِف إنّ دي جريمة و كُنْت فِعْلاً هَوَدّيها النّهارْده."

الظّابِط قال: "مفيش حاجة إسْمها (مكُنْتِش عارِف). فيْن العُمْلة المعْدنية؟ و يَلّا اِلْبِس عشان هتيجي معانا لِلمحاكْمة[1]."

"آخِر مرّة و مِش هتِتْكرّر!"

[13:38]

The fisherman walked away, and as he did, he heard the man calling out to him. When the fisherman looked back, the man said, "I'll give you a thousand pounds for that coin." The fisherman didn't reply and kept walking.

❖   ❖   ❖

The next day, the fisherman woke up to the sound of knocking on the door.

The fisherman got up and opened the door. He found two officers standing together.

They said to him, "Are you the fisherman who found the coin?"

The fisherman replied, "Yes, that's me. I was going to take it to the museum today."

One of them said, "You committed a crime by hiding the coin and not delivering it to the museum the same day."

The fisherman got scared and said, "I didn't know that was a crime. I really was going to take it today."

The officer said, "There's no such thing as 'I didn't know.' Where is the coin? Get dressed—you're coming with us to court."

"This is your last warning—it won't be repeated!"

---

[1] that is, to see the judge

"يَلّا بِسُرْعة، جيبْها!"

قام الصّيّاد جاب العُمْلة المعْدنية و إدّاهالهُم.

الظّابِط قالُّه: "يَلّا تعالي معانا."

و خدوه لِبرّه البيْت. و هُمّا ماشْيين في الطّريق، الصّيّاد بدأ يِبُصّ يمِين و شِمال، و يِفكّر هَيِهْرب إزّاي. و بعْديْن شاف عربية بِتِتْحرّك بِسُرْعة، و لمّا قرّبِت عنْدُه شُوَيّة بقِت بطيئة عشان تِعدّي المطبّ.

قام الصّيّاد جِري بِسُرْعة مِن الظُّبّاط و نطّ فوْق العربية.

الظُّبّاط كان معاهُم العُمْلة و الصّيّاد مِش مُهِمّ. المُهِمّ العُمْلة المعْدنية الغالْيَة اللي هتِتْباع بِفْلوس كِتير.

نِزِل الصّيّاد مِن العربية بعْد ما عدِّت فتْرة كِبيرة و لمّا نِزِل فِضِل يمْشي و قابِل الرّاجِل العجوز بِالصُّدْفة.

الصّيّاد قال: "اِلْحقْني و نبي! الظُّبّاط خدوا العُمْلة المعْدنية و عايْزين يِقْبُضوا عليّا!"

الرّاجِل العجوز ردّ: "بِسُرْعة كِده؟ ده لِسّه لاقْيين العُمْلة المعْدنية إمْبارِح."

[15:00]

"Come on, hurry up, bring it!"

The fisherman brought the coin and handed it to them.

The officer said, "Alright, come with us."

They took him outside the house. As they were walking along the road, the fisherman started looking left and right, thinking about how he could escape. Then he saw a car approaching quickly, and as it got close, it slowed down to go over a speed bump.

The fisherman quickly ran away from the officers and jumped onto the car.

The officers had the coin, and the fisherman wasn't important. What mattered was the valuable coin that would be sold for a lot of money.

The fisherman got off the car after a long while had passed, and as he was walking, he bumped into the old man by chance.

The fisherman said, "Help me, please! The officers took the coin and want to arrest me!"

The old man replied, "So fast? We only just found the coin yesterday."

الصّيّاد قال: "أعْمِل أيْه طيِّب؟ ساعِدْني، أعْمِل أيْه؟"

الرّاجِل العجوز قال: "هنروح سَوا لِلشُّرْطة و هقولُّهُم إنّ أنا اللي قُلْتِلك متوَدّيش العُمْلة المعْدنية لِحدّ ما نِسْأل."

"أَيْوَه بسّ كِده هَيُقْبُضوا عليْك إنْتَ."

"متِقْلقْش، يَلّا بسّ نِروح لِلشُّرْطة بِسُرْعة."

راح الصّيّاد و الرّاجِل العجوز لِلشُّرْطة، و قالُّهُم الرّاجِل العجوز إنّ هُوَّ السّبب، و إنّ هُوَّ اللي قال لِلصّيّاد يِتْأخّر في تسْليم العُمْلة المعْدنية.

الظّابِط قالُّهُم و هُوَّ مِسْتغْرب: "عُمْلة معْدنية أيْه و صيّاد مين؟ إحْنا مقبضْناش على حدّ، و إنْتَ مِش مطْلوب."

الصّيّاد قال: "يَعْني أنا اِتْخدعْت؟"

ظابِط الشُّرْطة قال: "اِتْخدعْت أيْه؟ قولّي كُلّ حاجة بِالتّفْصيل."

الصّيّاد قالُّه عن الاِتْنيْن اللي راحولُه و قالوا إنُّهُم مِن الشُّرْطة.

ظابِط الشُّرْطة سألُه: "إنْتَ عارِف شكْلُهُم؟"

الصّيّاد ردّ: "أَيْوَه."

ظابِط الشُّرْطة جاب ألْبوم صُوَر فيه صُوَر لِناس مُجرِمين و سألُه: "حدّ مِن دوْل؟"

[16:24]

The fisherman said, "What should I do? Help me, what can I do?"

The old man said, "We'll go together to the police and I'll tell them I was the one who told you not to take the coin in until we asked."

"But then they'll arrest you instead."

"Don't worry, let's just go to the police quickly."

The fisherman and the old man went to the police, and the old man told them he was the reason and that he had told the fisherman to delay handing in the coin.

The officer said to them in surprise, "What coin and what fisherman? We haven't arrested anyone, and you're not wanted."

The fisherman said, "So I was tricked?"

The police officer said, "What do you mean tricked? Tell me everything in detail."

The fisherman told him about the two men who came to him claiming to be from the police.

The officer asked him, "Do you know what they looked like?"

The fisherman replied, "Yes."

The officer brought out an album of photos of criminals and asked him, "Any of these?"

"لأ... وَلا واحِد مِنْهُم."

"طيِّب، اِرْجع إنْتَ لبِيْتك و أوِّل ما يِكون في أيّ أخْبار هنْكلِّمك."

الصّيّاد قال: "بسّ أنا شاكِك في حدّ."

الظّابِط سألُه: "مين؟"

الصّيّاد قال: "واحِد في القهْوَة كان نِفْسُه في العُمْلة المعْدنية و حاسِس إنّ هُوَّ اللي بعت الاِتْنينْ دوْل عشان ياخْدوها مِنّي."

"تمام... هنْدوّر عليْه و نجيبُه."

مِشي الصّيّاد و الرّاجِل العجوز، و الرّاجِل العجوز قال و هُمّا في الطّريق: "متقِلْقش. إنّ شاء اللّه العُمْلة هترِجْعلك."

الصّيّاد ردّ: "يا ربّ!"

❖ ❖ ❖

لمّا راح الصّيّاد لِلبيْت قال لِمْراتُه: "تَخيّلي؟ مطِلْعوش ظُبّاط. ضِحْكوا عليْنا و خدوا العُمْلة المعْدنية."

إبْن الصّيّاد قال: "يَعْني دوْل مِش ظُبّاط حقيقِيّين؟"

الصّيّاد ردّ: "لأ يا حبيبي، دوْل ناس كدّابين."

[17:58]

"No... none of them."

"Alright, go back home, and as soon as we have any news, we'll call you."

The fisherman said, "But I'm suspicious of someone."

The officer asked him, "Who?"

The fisherman said, "One of the guys at the coffee shop really wanted the coin. I have a feeling he's the one who sent those two to take it from me."

"Alright... we'll investigate and find him."

The fisherman and the old man walked away, and the old man said on the way, "Don't worry. God willing, the coin will come back to you."

The fisherman replied, "I hope so!"

❖   ❖   ❖

When the fisherman got home, he told his wife, "Can you believe it? They weren't even officers. They tricked us and took the coin."

The fisherman's son said, "You mean they weren't real officers?"

The fisherman replied, "No, sweetheart, they were liars."

الطِّفْل بدأ يِعيّط.

الصّيّاد قالُّه: "متْعيّطْش. إنْتَ زعْلان ليْه؟"

"أوِّل مرّة أشوف ظابِط و أصوّرْه في الحقيقة، يِطْلع كدّاب و مِش ظابِط؟!" و فِضِل الطِّفْل يِعيّط و يِعيّط.

الصّيّاد سألُه: "إنْتَ بِتْقول إنّك صوّرْتُه؟"

الطِّفْل ردّ: "مِش أنا قُلْتِلك نِفْسي أبْقى ظابِط؟ بسّ خلاص بقى همْسح الصُّوَر دي طالما هُمّا كذّابين[1]."

الصّيّاد قال: "لأ لأ لأ، متِمْسحْش حاجة!"

راح الصّيّاد لِلشُّرْطة بِسُرْعة و قالُّهُم إنّ معاه صُوَر النّاس اللي كِذْبوا و قالوا إنُّهُم ظُبّاط و خدوا العُمْلة المعْدنية و كانوا في الحقيقة حرامية.

الظّابِط شاف الڤيدْيو و قال: "خلّي الڤيدْيو بطيء عشان نِشوف الوْشوش كُوَيِّس."

الظّابِط صوّر الوْشوش و قال لِلصّيّاد: "إحْنا دِلْوَقْتي هنْدوّر على الاِتْنيْن دوْل و هنْقولّك أوِّل ما نِوْصلُّهُم."

الصّيّاد رِجِع البيْت.

[19:14]

The child started crying.

The fisherman said to him, "Don't cry. Why are you upset?"

"The first time I see an officer and take a picture of him in real life, he turns out to be a liar and not even an officer?!" And the child kept crying and crying.

The fisherman asked him, "You said you took a picture of him?"

The child replied, "Didn't I tell you I want to be an officer? But that's it, I'll delete the pictures since they're liars."

The fisherman said, "No, no, no! Don't delete anything!"

The fisherman quickly went to the police and told them he had photos of the people who lied, claimed to be officers, and took the coin—when they were actually thieves.

The officer watched the video and said, "Slow it down so we can see their faces clearly."

The officer took snapshots of the faces and told the fisherman, "Now we're going to look for these two, and we'll let you know as soon as we find them."

The fisherman returned home.

---

[1] كذّاب *liar, lying (deceitful person)* can also be pronounced (and spelled) كدّاب.

❖ ❖ ❖

و الظّابِط قال لِلظّابِط التّاني: "حدِّد عِنْوان الشّخْص ده مِن الكُمْپْيوتر و قولّي."

و بعْدها عِرِف الظّابِط العِنْوان و راح على بُيوت الحرامية اللي بِيْدوّروا عليْهُم.

الظّابِط فِضِل يِخبّط على الباب كِتير و محدِّش فتح. قام كاسِر الباب و معاه ظُبّاط تانْيين.

لقوا الحرامية اللي سِرْقوا العُمْلة المعْدنية و الظّابِط قالُّهم: "اِرْفعوا إيديْكو! و يَلّا تعالوا قُدّامي!" و قبضوا عليْهُم.

الظّابِط اِتّصل بِالصّيّاد علشان يِروح لِلشُّرْطة.

الظّابِط سألُه: "هُمّا دوْل يا صيّاد؟"

الصّيّاد قال: "أَيْوَه، هُمّا دوْل، بسّ اللي أنا شاكِك فيه مِش مِنْهُم."

"و مين اللي إنْتَ شاكِك فيه؟"

الصّيّاد قال: "الرّاجِل اللي كان في القهْوَة. كان بِيْحاوِل ياخُد العُمْلة المعْدنية مِنّي."

[20:35]

❖   ❖   ❖

One officer said to the other, "Locate this person's address from the computer and tell me."

After that, the officer got the address and headed to the homes of the thieves they were searching for.

The officer kept knocking on the door, but no one answered. So he broke it down with other officers beside him.

They found the thieves who had stolen the coin, and the officer said to them, "Hands up! Come with me!" and arrested them.

The officer called the fisherman to come to the police station.

The officer asked him, "Are these the ones, fisherman?"

The fisherman said, "Yes, it's them, but the one I'm suspicious of isn't among them."

"And who are you suspicious of?"

The fisherman said, "The guy who was at the coffee shop. He was trying to take the coin from me."

الظّابِط قال: "طبْعاً محدِّش فيكو هَيْقول إنُّه عارْفُه... بسّ برْضُه هنْجيبُه."

و هُمّا واقْفين، رنّ موبايْل واحِد مِن الحرامية.

الظّابِط فِضِل يِضْحك بِصوْت عالي. و خد الموبايْل مِن الحرامي و قالُّه: "أوِّل ما أفْتح المُكالْمة اِسْألُه إنْتَ فينْ؟"

الحرامي ردّ: "بسّ ده ملوش علاقة أساساً."

الظّابِط قالُّه: "اِسْمع اللي بقولّك عليْه."

و قام فاتح الصّوْت مِن الموبايْل.

الحرامي قال: "أَيْوَه، إنْتَ فينْ؟"

الرّاجِل التّاني ردّ: "إنْتو اللي فينْ؟"

الحرامي قال: "قوليّ بسّ إنْتَ فينْ دِلْوَقْتي و هاجيلك."

الرّاجِل قال: "ماشي أنا في البيْت القديم."

الظّابِط قام قافِل المُكالْمة و راح بِسُرْعة على البيْت القديم.

الظّابِط قال: "محدِّش هِنا! إحْنا اِتْخدعْنا!"

رِجِع الظُّبّاط تاني لِلشُّرْطة مِن غيرْ ما يِلاقوه.

[21:44]

The officer said, "Of course none of you will admit to knowing him... but we'll still get him."

While they were standing there, one of the thieves' phones rang.

The officer burst out laughing and took the phone from the thief, saying, "As soon as I answer, ask him, 'Where are you?'"

The thief replied, "But he has nothing to do with it."

The officer told him, "Just do what I say."

Then he turned on the speaker.

The thief said, "Hey, where are you?"

The other man replied, "Where are you guys?"

The thief said, "Just tell me where you are right now and I'll come to you."

The man said, "Alright, I'm at the old house."

The officer ended the call and quickly headed to the old house.

The officer said, "No one's here! We were tricked!"

The officers went back to the station without finding him.

لإِنُّه كان في الحقيقة مِسْتخبّي في القهْوَة و شاف الشُّرْطة و هُمّا بيِتْحرّكوا.

الظّابِط قال في المايْكْرُفوْن[1] : "بِنِعْلِن عن مُكافْأة كِبيرة لِأيّ حدّ يِساعِدْنا في القبْض على مُنظِّم العِصابة." و قال مُواصفاتُه في المايْكْرُفوْن."

القهْوَجي شاف الرّاجِل ده و قالُّه: "سامِحْني يا أُسْتاذ بسّ الحقّ حقّ!"

الرّاجِل اللي مِن العِصابة قال: "هدّيك فِلوس أكْتر مِنْهُم بسّ متْقولْش لِحدّ على مكاني!"

القهْوَجي قال: "إنْتَ فاكِر إنّ المُهِمّ عنْدي الفِلوس وَلّا أيْه؟"

الرّاجِل اللي مِن العِصابة قال: "أُمّال أيْه المُهِمّ عنْدك؟ مِش عايِز تِكبّر القهْوَة بِتاعْتك وَلّا أيْه؟"

"بسّ مِش مِن حرامية يا أُسْتاذ!"

القهْوَجي اِتّصل بِسُرْعة بِالشُّرْطة. قام الرّاجِل اللي مِن العِصابة هِرِب بِسُرْعة. القهْوَجي حدف عليْه عصايَة كِبيرة و وَقّعِت الرّاجِل اللي مِن العِصابة.

القهْوَجي بِيْقول لِلظّابِط في التِّليفوْن: "تعالوا بِسُرْعة! هُوَّ دِلْوَقْتي بِيِمْشي بِبُطء!"

[23:01]

Because in reality, he was hiding at the coffee shop and had seen the police as they moved.

The officer announced over the loudspeaker, "We're offering a large reward to anyone who helps us capture the gang leader," and he gave his description over the microphone.

The coffee shop owner saw the man and said, "Sorry, sir, but the truth is the truth!"

The gang member said, "I'll give you more money than them—just don't tell anyone where I am!"

The coffee shop owner said, "You think money is what matters to me?"

The gang member said, "Then what does matter? Don't you want to grow your coffee shop or what?"

"But not with money from thieves, sir!"

The coffee shop owner quickly called the police. The gang member tried to run, but the coffee shop owner threw a big stick at him and knocked him down.

The coffee shop owner said to the officer on the phone, "Come quickly! He's walking slowly now!"

---

[1] Colloquially, megaphones are simply referred to as مايْكْرُفوْن microphone.

الظّابِط قال: "طيِّب اِمْنعُه مِن إنُّه يِهْرب لِحدّ ما نيجيلك."

القهْوَجي ردّ: "مُمْكِن يِئْذيني!"

"متِقلْقش، إحْنا جايّين دِلْوَقْتي."

راحِت الشُّرْطة و لقِت الرّاجِل اللي مِن العِصابة على الأرْض. الظّابِط لقاه لابِس سِنْسِلة و فيها عُمْلة معْدنية.

الظّابِط قال: "ياه! إنْتو عِصابة كِبيرة على كِده بقى." و قام شادِد السِّنْسِلة مِن على رقبِةْ الرّاجِل اللي مِن العِصابة.

راح الظُّبّاط على المكان السِّرّي لِلعِصابة دي و لقوا إنّ عنْدُهُم عُمْلات معْدنية كِتير أوي... عُمْلات كِبيرة و عُمْلات صُغيرّة و عُمْلات قديمة و عُمْلات جِديدة.

و كُلّ العُمْلات دي اِتّاخْدِت مِنْهُم و اِتْحطِّت في المتْحف الكِبير بِتاع المدينة.

و راح الظّابِط لِلصّيّاد و قالُّه: "العُمْلة مَوْجودة في المتْحف لَوْ عايِز تِشوفْها، و مُدير المتْحف هَيْكلِّمك بِنفْسُه عشان يِدّيك المُكافْأة."

و الصّيّاد كان مبْسوط أوي إنُّهُم أنْقذوه.

[24:24]

The officer said, "Alright, keep him from escaping until we get there."

The coffee shop owner replied, "He might hurt me!"

"Don't worry—we're on our way right now."

The police arrived and found the gang member on the ground. The officer noticed he was wearing a necklace with a coin on it.

The officer said, "Wow! So you're part of a big gang then," and he pulled the necklace off the gang member's neck.

The officers went to the gang's secret location and found they had a lot of coins—big coins, small coins, old coins, and new coins.

All of those coins were taken from them and placed in the city's main museum.

The officer went to the fisherman and said, "The coin is at the museum if you'd like to see it, and the museum director will contact you himself to give you the reward."

The fisherman was very happy that they had saved him.

❖ ❖ ❖

و راح الصّيّاد و الرّاجِل العجوز لِلمتْحف و فِضْلوا يِبُصّوا على العُمْلات المعْدنية.

الرّاجِل العجوز قال: "هُوَّ فينْ العُمْلة المعْدنية اللي إنْتَ لقيْتْها؟"

"بدوّر عليْها أهُه، بسّ مكانِتْش كِبيرة وَلا صُغيرّة. كان حجْمها وَسط."

"دي كُلّها عُمْلات معْدنية كانِت مسْروقة... يا ترا كُلّ واحْدة فيهُم كان ليها حِكايَة وَلّا أيْه؟"

الصّيّاد قال: "مِش مُهِمّ يا حاجّ. المُهِمّ إنّ كُلُّهُم هِنا دِلْوَقْتي، بِعيد عن الحرامية و العِصابة."

الرّاجِل العجوز قال: "أهُه، أهُه! لقيْتْها خلاص!"

الصّيّاد قال: "اللّه يِنوّر يا حاجّ!"

ضِحِك الرّاجِل العجوز و قال: "شُفْت يا صيّاد؟ السّمكة الكِبيرة بِتاعْتي اللي كُنّا مبْسوطين بيها، أكلْناها و اِخْتفِت، و السّمكة الصُّغيرّة اللي إنْتَ اِصْطادْتها جابِت عُمْلة معْدنية تاريخية جميلة إبْنك و أحْفادي هَيْشوفوها."

[25:44]

❖ ❖ ❖

The fisherman and the old man went to the museum and kept looking at the coins.

The old man said, "Where's the coin you found?"

"I'm looking for it... it wasn't big or small. It was medium-sized."

"All of these were stolen coins... I wonder if each one has its own story or what?"

The fisherman said, "That's not what matters, Hajj. What matters is that they're all here now—far from the thieves and the gang."

The old man said, "There it is, there it is! I found it!"

The fisherman said, "God bless you, Hajj!"

The old man laughed and said, "See, fisherman? That big fish of mine that we were so happy about—we ate it and it's gone. But the little fish you caught brought us a beautiful historical coin. Your son and my grandkids will get to see it."

الصّيّاد قال: "بِصراحة كان لازِم أسْمع كلامك و أروح لِلمتْحف في ساعِتْها على طول."

الرّاجِل العجوز قال: "الحمْدُ لِلّه مضاعِتْش. هُوَّ فين إبْنك الصُّغيرّ صحيح؟ المفْروض ييجي يِشوف العُمْلة اللي أبوه لقاها و يِكون فرْحان بيها."

الصّيّاد قال: "لأ، مرْضيش ييجي. بِيْقول الظُّبّاط الحقيقِيّين مبيِرْوحوش المتْحف."

الظّابِط جِهْ مِن وَراهُم و قال: "لأ طبْعاً! الظُّبّاط بِيْروحوا المتْحف. يَلّا نِروح نِجيبُه عشان ييجي و يِتْفرّج."

جِهْ مُدير المتْحف لِلصّيّاد و إدّالُه فِلوس و قالُّه: "اِتْفضّل، دي مُكافْآتك."

الصّيّاد ردّ: "شُكْراً أوي!"

مُدير المتْحف قال: "إحْنا اللي بِنِشْكُرك."

الظّابِط قال: "و بِنِشْكُر القهْوَجي المُحْترم اللي ساعِدْنا في القبْض على العِصابة." و إدّى الظّابِط المُكافْأة لِلقهْوَجي.

[26:57]

The fisherman said, "Honestly, I should have listened to you and gone straight to the museum right then."

The old man said, "Thank God it wasn't lost. Where is your little boy, by the way? He should come see the coin his dad found and be proud of it."

The fisherman said, "He didn't want to come. He says real officers don't go to museums."

An officer came up behind them and said, "Of course they do! Officers go to museums. Let's go get him so he can come and see."

The museum director came to the fisherman and gave him money, saying, "Here you go—this is your reward."

The fisherman replied, "Thank you so much!"

The museum director said, "We're the ones who should be thanking you."

The officer said, "And we also thank the honorable coffee shop owner who helped us catch the gang," and handed the reward to the coffee shop owner.

❖ ❖ ❖

راح الصّيّاد لِلبيْت بِسُرْعة و ندهْ على إبْنُه: "تعالى! تعالى يَلّا! الظّابِط الحقيقي مَوْجود في المتْحف. لكِنُّه فِضِل يِدوّر على إبْنُه بسّ مِش لِقيه."

مراةْ الصّيّاد قالِتْلُه: "هتْلاقيه جُوّه بيِصْطاد السّمك اللِّعْبة في أوْضْتُه بعْد ما النّاس كُلّها بقِت بِتِتْكلِّم عنّك."

اِبْتسم الصّيّاد و حضن إبْنُه و قالُّه: "لأ، اِبْقى ظابِط و اِصْطاد في نفْس الوَقْت عادي، بسّ لَوْ لقيْت أيّ حاجة وَدّيها على المتْحف على طول، ماشي؟"

الطِّفْل اِبْتسم و حضنُه.

[28:13]

✧ ✧ ✧

The fisherman rushed home and called out to his son, "Come on! Let's go! The real officer is at the museum." But he kept looking for his son and couldn't find him.

The fisherman's wife said, "You'll find him inside fishing with his toy rod in his room, now that everyone's been talking about you."

The fisherman smiled, hugged his son, and said, "No, go ahead and be an officer and fish at the same time, but if you ever find something, take it straight to the museum, okay?"

The child smiled and hugged him.

Arabic Text without Tashkeel

For a more authentic reading challenge, read the story without the aid of diacritics (tashkeel) and the parallel English translation.

في إسكندرية، دايما في اتنين صحاب بيمشوا سوا كل يوم الصبح و يروحوا يصطادوا. واحد منهم كان صياد و التاني كان راجل عجوز و كبير في السن و مبيشتغلش.

الراجل العجوز راح للشط، و شايل معاه السنارة بتاعته و شايل الصندوق الخشبي الكبير اللي بيحطوا فيه السمك.

الراجل العجوز قال للصياد: "شايف السنارة الجديدة؟ مين دلوقتي فينا اللي صياد يا صياد؟"

الصياد ضحك و قال: "منورني والله يا حاج، يلا بسرعة بقى عشان السمك النهارده كبير و كتير أوي أوي."

الراجل العجوز رد: "الصيد بيعلم الصبر، و إنت برضه لسه مبتصبرش."

الصياد قال: "ماشي يا حاج، مقبولة منك!"

الراجل العجوز ركب الطعم في السنارة و قعد على الكرسي اللي على الكورنيش و حدف السنارة.

الصياد قال: "هو إنت جبت السنارة دي إمتا يا حاج؟ و منين؟"

الراجل العجوز قال: "أنا لسه جايبها إمبارح، من المحل اللي جنب القهوة."

الصياد قال: "و اشتريتها ليه بقى؟"

الراجل العجوز قال: "لما لقيت إني باجي بقعد معاك و مبعملش حاجة قلت أشتريها و أصطاد معاك بدل ما أنا أقعد مبعملش حاجة."

الصياد قال: "تنور دايما يا حاج. كفاية وجودك معايا."

الراجل العجوز سأله: "هو إبنك مجاش معاك ليه النهارده؟"

الصياد رد: "الولد قاعد يقولي 'عايز أطلع ظابط يا بابا، عايز أطلع ظابط يا بابا!' و مبقاش بيحب الصيد خلاص."

"مع إن الصيد حلو! بس سيبه براحته. عقبال ما تشوفه ظابط إن شاء الله."

"نفسي أشوفه راجل كبير والله كده يا حاج."

"خليه يلعب رياضة و يروح الچيم عشان يبقى ظابط قوي كده."

و فجأه، الدنيا بدأت تمطر.

الصياد قال: "أيه المطر ده كله؟"

الراجل العجوز رد: "أيوه فعلا... كل مرة مبتكونش كتير أوي كده."

"سقعان يا حاج؟ أديلك الچاكيت بتاعي؟"

"لأ الجو حلو. أنا بحب المطر... بس إنت عارف الجو ده محتاج أيه؟"

"أيه؟"

"كوباية شاي و بالنعناع!"

"بس كده؟ هروح أجيبلك دلوقتي حالا."

"لأ، استنى استنى! مش دلوقتي. لما نخلص صيد الأول و لما المطرة تبقى قليلة."

الصياد قال: "إحنا في الشتا... يعني المطر هتلاقيه كل يوم طول النهار و طول الليل!"

قعد الصياد و الراجل العجوز يصطادوا، و كل ما يصطادوا سمكة يحطوها في الصندوق الخشبي اللي معاهم. و فضلوا يحطوا في الصندوق لحد ما اتملى.

و فجأه الراجل العجوز حس إنه اصطاد سمكة تقيلة.

و قال للصياد: "الحق! الحق! شد معايا بسرعة!"

قام الصياد شد السنارة معاه و طلعوا سمكة كبيرة.

الراجل العجوز قال: "ياه! دي كانت صعبة أوي!"

الصياد قال: "أيوه، أوقات بيكون السمك صعب إنك تصطاده و ممكن ياكل الطعم و متعرفش تصطاده كمان."

الراجل العجوز قال: "بس كبيرة، حجمها حلو!"

"ربنا يباركلك فيها يا حاج!"

الصياد طلع السنارة و لقى سمكة صغيرة. و قال: "معرفش أيه الأحجام دي... أنا أرميها أحسن."

الراجل العجوز رد: "لأ لأ مترميهاش. طالما اصطادتها يبقى سيبها."

"اللي تشوفه يا حاج."

و قام رامي السمكة في الصندوق الخشبي الكبير. و سمعوا صوت عملة معدنية كإنها اتخبطت في الصندوق. بص الراجل العجوز و الصياد للصندوق الخشبي، و لقوا فيه عملة موجودة في الصندوق.

الصياد قال: "هو أيه دي؟"

الراجل العجوز مسكها و قال: "باين إنها عملة معدنية تاريخية."

"أيوه... غالية يعني؟"

الراجل العجوز رد: "أيوه، غالية. هتديها للمتحف بتاع البلد و هيدوك فلوس كتير."

"بس أنا كنت بفكر أبيعها."

الراجل العجوز قال: "لو بعتها متضمنش إنها تضيع، إنما في المتحف عمرها ما هتضيع."

الصياد رد: "مش مهم تضيع ولا متضيعش. هكون خدت الفلوس خلاص."

الراجل العجوز قال: "بس دي قبل ما تكون بتاعتك، بتاعة بلدك."

"خلاص خلاص هوديها المتحف. كفاية صيد كده النهارده بقى عشان نهاية اليوم الحلوة دي."

الراجل العجوز ضحك و قاله: "ماشي يلا!"

الصياد قال: "هسيبها هنا عشان متقعش مني عند القهوة و أنا بجيب الشاي."

راح الصياد للقهوة بسرعة.

الصياد قال للقهوجي: "لو سمحت، عايز اتنين شاي في كوبايتين كبار و حط معلقتين سكر في كل كوباية فيهم."

القهوجي رد: "عينيا حاضر!"

و قعد القهوجي يتكلم مع الصياد، و كان باين إن الصياد مستعجل.

القهوجي قال: "إنت مستعجل؟"

الصياد قال: "أيوه، مستعجل و فيه واحد مستنيني."

"طيب، كان فيه مشكلة في النار بس فا كنت بصلحها.

"اتصلحت يعني ولا أمشي؟"

"لأ لأ، اتصلحت خلاص. خمس دقايق بس."

خد الصياد الشاي و راح للراجل العجوز بسرعة.

لكن الصياد ملقاش الراجل العجوز. حط الشاي على الكرسي و فضل يدور عليه، و كمان ملقاش السنارة بتاعته.

الصياد قال لنفسه: "هو الراجل العجوز ده طلع حرامي ولا أيه؟"

فضل الصياد يدور على الراجل العجوز بس ملقاهوش.

الصياد سمع دوشة كبيرة و ناس كتير واقفين، فا راحلهم بسرعة و هو بيجري.

الصياد قال: "فيه أيه يا جماعة؟ فيه أيه؟"

و هنا شاف الصياد الراجل العجوز بيتخانق مع شاب و بيشد منه الصندوق الخشبي.

الراجل العجوز قال بصوت عالي: "الحق الولد ده، ده حرامي!"

الصياد فضل يشد منه الصندوق و هو بيبص على العملة المعدنية في الصندوق الخشبي و مش لاقيها.

و فجأه دخل عليهم موتوسيكل بسرعة، و عليه واحد، و شد الحرامي و الصندوق الخشبي و جريوا بالموتوسيكل.

الصياد جري ورا الموتوسيكل لكن الموتوسيكل كان سريع و هربوا بيه.

الصياد فضل يزعق و يقول بصوت عالي: "امسكوه! امسكوه! ده حرامي!"

و بعدين بص للراجل العجوز و قال: "كده خلاص؟ كله اتسرق؟"

الراجل العجوز رد عليه و قال: "متقلقش... اتطمن!"

الصياد قال: "أتطمن إزاي بس؟ ده مستحيل نعرف نلاقيها تاني."

الراجل العجوز رد: "أنا خدت السنارة معايا و أنا رايح. خفت لتتسرق هي كمان. خد سنارتك أهي."

"أنا مش عايز السنارة. أنا عايز العملة اللي لقيناها دي."

الراجل العجوز قاله: "زي ما لقيتها هتلاقي غيرها، متقلقش."

الراجل العجوز فضل يطبطب على كتف الصياد و قعدوا في الأرض.

و كان الصياد حاطط إيديه الاتنين على وشه. و أول ما شال إيده من على وشه، شاف العملة قدامه على الأرض. بص الصياد للراجل العجوز و شاورله على العملة المعدنية. ابتسم الراجل العجوز و بعد ما الصياد خد العملة المعدنية فضل يضحك.

الراجل العجوز قال: "شفت بقى؟ رجعتلك لوحدها أهي."

الصياد رد: "أنا مش مصدق نفسي... و مش مشكلة السمك، عادي نصطاده بكره. إنما دي هنلاقيها إزاي؟"

الراجل العجوز قال: "إنت محظوظ إنها وقعت. تلاقيها وقعت لما كنا بنشد الصندوق قدام بعض."

"أيوه، أنا مبسوط أوي!"

راح الصياد و الراجل العجوز للبيت.

❖   ❖   ❖

و الصياد وراها لمراته و ولاده و قالها: "لولا إني كنت محظوظ كان زمانها ضاعت و معرفتش أجيبها تاني. و دي مهمة أوي لدرجة إن الحاج صاحبي قالي لازم أوديها للمتحف."

مراته كانت مبسوطه بإن الصياد لقى العملة المعدنية التاريخية دي.

و بعدها قام الصياد و قال: "هروح القهوة بقى أشوف سعرها هيكون كام."

مراة الصياد قالت: "بس إنت قلت إنك هتوديها المتحف زي ما الراجل العجوز قالك."

"هو أنا هنزل أبيعها يعني؟ ده أنا هشوف سعرها بس!"

❖   ❖   ❖

نزل الصياد للقهوة بسرعة و جمع صحابه.

الصياد قال: "أيه رأيكو في العملة المعدنية التاريخية الجميلة دي؟"

القهوجي قال: "إنت لقيتها إزاي دي؟"

"لقيتها في البحر. اصطادتها بالصدفة."

واحد من اللي موجودين قال: "يا عم، دي حتة حديدة ملهاش لازمة."

واحد تاني قال: "هي ليها لازمة بس مش هتجيب فلوس كتير."

واحد تالت قال: "بص، أنا عارف ناس بتحب تشتري الحاجات دي. هوريهالهم و أقولك بكام."

الصياد قال: "لأ لأ لأ، أنا باخد رأيكو بس. شايفين إن سعرها يكون كام يعني؟"

الأصوات كانت عالية و الصياد مسمعش حاجة و اتضايق. قام سايبهم و ماشي.

واحد راح للصياد بسرعة و قاله: "أنا عايز أتكلم معاك. هات العملة دي و هبيعهالك بفلوس كتير أوي. و أنا بعت حاجات قبل كده زيها."

الصياد رد: "لأ، مش عايز. مش هبيعها خلاص."

الراجل قاله: "خلاص إنت الخسران."

مشي الصياد و هو ماشي سمع الراجل بيناديه. و لما بص الصياد ليه، الراجل قاله: "هديك ألف جنيه و آخد العملة دي." الصياد مردش عليه و مشي.

❖ ❖ ❖

صحي الصياد تاني يوم على صوت تخبيط باب.

الصياد قام و فتح الباب، لقى اتنين ظباط واقفين مع بعض.

و قالوله: "إنت الصياد اللي لقى العملة المعدنية؟"

الصياد رد: "أيوه أنا و كنت هروح النهارده أوديها المتحف."

واحد منهم قاله: "إنت ارتكبت جريمة بإنك خبيت العملة المعدنية و موديتهاش المتحف في نفس اليوم."

الصياد خاف و قالهم: "أنا مكنتش عارف إن دي جريمة و كنت فعلا هوديها النهارده."

الظابط قال: "مفيش حاجة إسمها (مكنتش عارف). فين العملة المعدنية؟ و يلا البس عشان هتيجي معانا للمحاكمة."

"آخر مرة و مش هتتكرر!"

"يلا بسرعة، جيبها!"

قام الصياد جاب العملة المعدنية و إداهالهم.

الظابط قاله: "يلا تعالي معانا."

و خدوه لبره البيت. و هما ماشيين في الطريق، الصياد بدأ يبص يمين و شمال، و يفكر هيهرب إزاي. و بعدين شاف عربية بتتحرك بسرعة، و لما قربت عنده شوية بقت بطيئة عشان تعدي المطب.

قام الصياد جري بسرعة من الظباط و نط فوق العربية.

الظباط كان معاهم العملة و الصياد مش مهم. المهم العملة المعدنية الغالية اللي هتتباع بفلوس كتير.

نزل الصياد من العربية بعد ما عدت فترة كبيرة و لما نزل فضل يمشي و قابل الراجل العجوز بالصدفة.

الصياد قال: "الحقني و نبي! الظباط خدوا العملة المعدنية و عايزين يقبضوا عليا!"

الراجل العجوز رد: "بسرعة كده؟ ده لسه لاقيين العملة المعدنية إمبارح."

الصياد قال: "أعمل أيه طيب؟ ساعدني، أعمل أيه؟"

الراجل العجوز قال: "هنروح سوا للشرطة و هقولهم إن أنا اللي قلتلك متوديش العملة المعدنية لحد ما نسأل."

"أيوه بس كده هيقبضوا عليك إنت."

"متقلقش، يلا بس نروح للشرطة بسرعة."

راح الصياد و الراجل العجوز للشرطة، و قالهم الراجل العجوز إن هو السبب، و إن هو اللي قال للصياد يتأخر في تسليم العملة المعدنية.

الظابط قالهم و هو مستغرب: "عملة معدنية أيه و صياد مين؟ إحنا مقبضناش على حد، و إنت مش مطلوب."

الصياد قال: "يعني أنا اتخدعت؟"

ظابط الشرطة قال: "اتخدعت أيه؟ قولي كل حاجة بالتفصيل."

الصياد قاله عن الاتنين اللي راحوله و قالوا إنهم من الشرطة.

ظابط الشرطة سأله: "إنت عارف شكلهم؟"

الصياد رد: "أيوه."

ظابط الشرطة جاب ألبوم صور فيه صور لناس مجرمين و سأله: "حد من دول؟"

"لأ... ولا واحد منهم."

"طيب، ارجع إنت لبيتك و أول ما يكون في أي أخبار هنكلمك."

الصياد قال: "بس أنا شاكك في حد."

الظابط سأله: "مين؟"

الصياد قال: "واحد في القهوة كان نفسه في العملة المعدنية و حاسس إن هو اللي بعت الاتنين دول عشان ياخدوها مني."

"تمام... هندور عليه و نجيبه."

مشي الصياد و الراجل العجوز، و الراجل العجوز قال و هما في الطريق: "متقلقش. إن شاء الله العملة هترجعلك."

الصياد رد: "يا رب!"

❖   ❖   ❖

لما راح الصياد للبيت قال لمراته: "تخيلي؟ مطلعوش ظباط. ضحكوا علينا و خدوا العملة المعدنية."

إبن الصياد قال: "يعني دول مش ظباط حقيقيين؟"

الصياد رد: "لأ يا حبيبي، دول ناس كدابين."

الطفل بدأ يعيط.

الصياد قاله: "متعيطش. إنت زعلان ليه؟"

"أول مرة أشوف ظابط و أصوره في الحقيقة، يطلع كداب و مش ظابط؟!" و فضل الطفل يعيط و يعيط.

الصياد سأله: "إنت بتقول إنك صورته؟"

الطفل رد: "مش أنا قلتلك نفسي أبقى ظابط؟ بس خلاص بقى همسح الصور دي طالما هما كذابين."

الصياد قال: "لأ لأ لأ، متمسحش حاجة!"

راح الصياد للشرطة بسرعة و قالهم إن معاه صور الناس اللي كذبوا و قالوا إنهم ظباط و خدوا العملة المعدنية و كانوا في الحقيقة حرامية.

الظابط شاف الڤيديو و قال: "خلي الڤيديو بطيء عشان نشوف الوشوش كويس."

الظابط صور الوشوش و قال للصياد: "إحنا دلوقتي هندور على الاتنين دول و هنقولك أول ما نوصلهم."

الصياد رجع البيت.

و الظابط قال للظابط التاني: "حدد عنوان الشخص ده من الكمبيوتر و قولي."

و بعدها عرف الظابط العنوان و راح على بيوت الحرامية اللي بيدوروا عليهم.

الظابط فضل يخبط على الباب كتير و محدش فتح. قام كاسر الباب و معاه ظباط تانيين.

لقوا الحرامية اللي سرقوا العملة المعدنية و الظابط قالهم: "ارفعوا إيديكو! و يلا تعالوا قدامي!" و قبضوا عليهم.

الظابط اتصل بالصياد علشان يروح للشرطة.

الظابط سأله: "هما دول يا صياد؟"

الصياد قال: "أيوه، هما دول، بس اللي أنا شاكك فيه مش منهم."

"و مين اللي إنت شاكك فيه؟"

الصياد قال: "الراجل اللي كان في القهوة. كان بيحاول ياخد العملة المعدنية مني."

الظابط: "طبعا محدش فيكو هيقول إنه عارفه... بس برضه هنجيبه."

و هما واقفين، رن موبايل واحد من الحرامية.

الظابط فضل يضحك بصوت عالي. و خد الموبايل من الحرامي و قاله: "أول ما أفتح المكالمة اسأله إنت فين؟"

الحرامي رد: "بس ده ملوش علاقة أساسا."

الظابط قاله: "اسمع اللي بقولك عليه."

و قام فاتح الصوت من الموبايل.

الحرامي قال: "أيوه، إنت فين؟"

الراجل التاني رد: "إنتو اللي فين؟"

الحرامي قال: "قولي بس إنت فين دلوقتي و هاجيلك."

الراجل قال: "ماشي أنا في البيت القديم."

الظابط قام قافل المكالمة و راح بسرعة على البيت القديم.

الظابط قال: "محدش هنا! إحنا اتخدعنا!"

رجع الظباط تاني للشرطة من غير ما يلاقوه.

لإنه كان في الحقيقة مستخبي في القهوة و شاف الشرطة و هما بيتحركوا.

الظابط قال في المايكرفون: "بنعلن عن مكافأة كبيرة لأي حد يساعدنا في القبض على منظم العصابة." و قال مواصفاته في المايكرفون."

القهوجي شاف الراجل ده و قاله: "سامحني يا أستاذ بس الحق حق!"

الراجل اللي من العصابة قال: "هديك فلوس أكتر منهم بس متقولش لحد على مكاني!"

القهوجي قال: "إنت فاكر إن المهم عندي الفلوس ولا أيه؟"

الراجل اللي من العصابة قال: "أمال أيه المهم عندك؟ مش عايز تكبر القهوة بتاعتك ولا أيه؟"

"بس مش من حرامية يا أستاذ!"

القهوجي اتصل بسرعة بالشرطة. قام الراجل اللي من العصابة هرب بسرعة. القهوجي حدف عليه عصاية كبيرة و وقعت الراجل اللي من العصابة.

القهوجي بيقول للظابط في التليفون: "تعالوا بسرعة! هو دلوقتي بيمشي ببطء!"

الظابط قال: "طيب امنعه من إنه يهرب لحد ما نيجيلك."

القهوجي رد: "ممكن يئذيني!"

"متقلقش، إحنا جايين دلوقتي."

راحت الشرطة و لقت الراجل اللي من العصابة على الأرض. الظابط لقاه لابس سنسلة و فيها عملة معدنية.

الظابط قال: "ياه! إنتو عصابة كبيرة على كده بقى." و قام شادد السنسلة من على رقبة الراجل اللي من العصابة.

راح الظباط على المكان السري للعصابة دي و لقوا إن عندهم عملات معدنية كتير أوي... عملات كبيرة و عملات صغيرة و عملات قديمة و عملات جديدة.

و كل العملات دي اتاخدت منهم و اتحطت في المتحف الكبير بتاع المدينة.

و راح الظابط للصياد و قاله: "العملة موجودة في المتحف لو عايز تشوفها، و مدير المتحف هيكلمك بنفسه عشان يديك المكافأة."

و الصياد كان مبسوط أوي إنهم أنقذوه.

❖ ❖ ❖

و راح الصياد و الراجل العجوز للمتحف و فضلوا يبصوا على العملات المعدنية.

الراجل العجوز قال: "هو فين العملة المعدنية اللي إنت لقيتها؟"

"بدور عليها أهه، بس مكانتش كبيرة ولا صغيرة. كان حجمها وسط."

"دي كلها عملات معدنية كانت مسروقة... يا ترا كل واحدة فيهم كان ليها حكاية ولا أيه؟"

الصياد قال: "مش مهم يا حاج. المهم إن كلهم هنا دلوقتي، بعيد عن الحرامية و العصابة."

الراجل العجوز قال: "أهه، أهه! لقيتها خلاص!"

الصياد قال: "الله ينور يا حاج!"

ضحك الراجل العجوز و قال: "شفت يا صياد؟ السمكة الكبيرة بتاعتي اللي كنا مبسوطين بيها، أكلناها و اختفت، و السمكة الصغيرة اللي إنت اصطادتها جابت

عملة معدنية تاريخية جميلة إبنك و أحفادي هيشوفوها."

الصياد قال: "بصراحة كان لازم أسمع كلامك و أروح للمتحف في ساعتها على طول."

الراجل العجوز قال: "الحمد لله مضاعتش. هو فين إبنك الصغير صحيح؟ المفروض ييجي يشوف العملة اللي أبوه لقاها و يكون فرحان بيها."

الصياد قال: "لأ، مرضيش ييجي. بيقول الظباط الحقيقيين مبيروحوش المتحف."

الظابط جه من وراهم و قال: "لأ طبعا! الظباط بيروحوا المتحف. يلا نروح نجيبه عشان ييجي و يتفرج."

جه مدير المتحف للصياد و إداله فلوس و قاله: "اتفضل، دي مكافآتك."

الصياد رد: "شكرا أوي!"

مدير المتحف قال: "إحنا اللي بنشكرك."

الظابط قال: "و بنشكر القهوجي المحترم اللي ساعدنا في القبض على العصابة."

❖   ❖   ❖

راح الصياد للبيت بسرعة و نده على إبنه: "تعالى! تعالى يلا! الظابط الحقيقي موجود في المتحف." لكنه فضل يدور على إبنه بس مش لقيه.

مراة الصياد قالتله: "هتلاقيه جوه بيصطاد السمك اللعبة في أوضته بعد ما الناس كلها بقت بتتكلم عنك."

ابتسم الصياد و حضن إبنه و قاله: "لأ، ابقى ظابط و اصطاد في نفس الوقت عادي، بس لو لقيت أي حاجة وديها على المتحف على طول، ماشي؟"

الطفل ابتسم و حضنه.

Comprehension Questions

1. ليْه الرّاجِل العجوز اِشْترى سِتّارة جِديدة؟
2. أيْه اللي الصّيّاد و الرّاجِل العجوز لِقْيوه في السّمكة الصُّغيرّة؟
3. ليْه الصّيّاد موَدّاش العُمْلة المعْدنية لِلمتْحف في نفْس اليوْم؟
4. مين اللي جِه لِبيْت الصّيّاد الصُّبْح و ليْه؟
5. الصّيّاد هِرِب إزّاي مِن الاِتْنيْن اللي عامْلين نفْسُهُم الظُّبّاط؟
6. إزّاي إبْن الصّيّاد ساعِد في القبْض على الحرامية؟
7. ليْه القهْوَجي مرْضيش ياخُد فِلوس مِن زعيم العِصابة؟
8. إزّاي القهْوَجي مِسِك زعيم العِصابة؟
9. أيْه اللي الظُّبّاط لِقْيوه في المكان السِّرّي بِتاع العِصابة؟
10. ليْه إبْن الصّيّاد مرْضيش يِروح المتْحف في الأوِّل؟
11. إزّاي الصّيّاد عِرِف إنّ الظُّبّاط كانوا نصابين؟
12. الرّاجِل العجوز نصح الصّيّاد بِأيْه على مَوْضوع العُمْلة المعْدنية؟
13. مين اللي حاوِل يِشْترِي العُمْلة المعْدنية مِن الصّيّاد في القهْوَة؟
14. أيْه رأْي الصّيّاد في الرّاجِل العجوز في آخِر القِصّة؟
15. إزّاي الظُّبّاط عِرْفوا مكان زعيم العِصابة؟
16. إبْن الصّيّاد كان عايِز يِطْلع أيْه؟
17. إزّاي الرّاجِل العجوز كان بِيْساعِد الصّيّاد و هُمّا في القِسْم؟
18. الصّيّاد و الرّاجِل العجوز شافوا أيْه في المتْحف؟
19. مين اللي خد مُكافْأة في الآخِر؟
20. الصّيّاد نصح إبْنُه بِأيْه في الآخِر؟

1. Why did the old man buy a new fishing rod?
2. What did the fisherman and the old man find in the small fish?
3. Why didn't the fisherman take the coin to the museum on the same day?
4. Who came to the fisherman's house in the morning and why?
5. How did the fisherman escape from the fake officers?
6. How did the fisherman's son help catch the thieves?
7. Why did the barista refuse to take money from the gang leader?
8. How did the barista catch the gang leader?
9. What did the officers find in the gang's secret hideout?
10. Why did the fisherman's son initially refuse to go to the museum?
11. How did the fisherman realize the officers were fake?
12. What was the old man's advice to the fisherman about the coin?
13. Who tried to buy the coin from the fisherman at the coffee shop?
14. What was the fisherman's opinion of the old man at the end of the story?
15. How did the officers find out the gang leader's location?
16. What did the fisherman's son want to become?
17. How did the old man try to help the fisherman at the police station?
18. What did the fisherman and the old man see at the museum?
19. Who received a reward at the end?
20. What advice did the fisherman give his son at the end?

Answers to the Comprehension Questions

1. عشان يِشارِك صاحْبُه الصّيّاد بدل ما هُوَّ قاعِد مبْيِعْمِلْش حاجة.
2. لِقْيوا عُمْلة معْدنية تاريخية.
3. كان عايِز يِعْرف سِعْرها الأوِّل و يِسْأل عنْها.
4. اِتْنيْن عامْلين نفْسُهُم ظُبّاط جُم عشان ياخْدوا العُمْلة المعْدنية.
5. جِري و نطّ فوْق عربية كانِت بِتْعدّي مطبّ.
6. صوّر الاِتْنيْن اللي عامْلين نفْسُهُم ظُبّاط و ده ساعْدِ إنُّهُم يِعْرفوا شكْلُهُم.
7. عشان كان شايِف إنّ الفِلوس مِش كُلّ حاجة و مكانْش عايِز ياخُد فِلوس مِن حرامية.
8. رمى عليْه عصايَة كِبيرة وَقّعِتُه.
9. لِقْيوا عُمْلة معْدنية كِتير مِن كُلّ الأحْجام و الأنْواع.
10. عشان كان مِفكّر إنّ الظُّبّاط الحقيقِيّين مبِيْروحوش المتْاحف.
11. راح قِسْم الشُّرْطة و سألْهُم و عِرِف إنُّهُم مَيِعْرفوش حاجة عن المَوْضوع.
12. قالُّه يِوَدّيها المتْحف عشان متْضيعْش و تِفْضل مَحْفوظة.
13. واحِد مِن النّاس اللي في القهْوَة و طِلِع إنُّه زعيم العِصابة.
14. مكانْش عارِف يُشْكُرُه إزّاي و عِرِف الحِكْمة مِن وَرا نصيحْتُه.
15. عن طريق موبايْل واحِد مِن العِصابة و مُراقْبِةْ القهْوَة.
16. كان عايِز يِطْلع ظابِط.
17. قال لِلظُّبّاط إنُّه كان السّبب في تأْخير تسْليم العُمْلة المعْدنية.
18. شافوا مجْموعة كِبيرة مِن العُمْلة المعْدنية المسْروقة.
19. الصّيّاد و القهْوَجي خدوا مُكافأْة.
20. قالُّه إنُّه مُمْكِن يِبْقى ظابِط و صيّاد في نفْس الوَقْت.

1. To participate with his friend the fisherman instead of sitting doing nothing.
2. They found a historical coin.
3. He wanted to know its price first and ask about it.
4. Two fake officers came to take the coin.
5. He ran and jumped onto a car that was going over a speed bump.
6. He photographed the fake officers which helped identify their appearance.
7. Because he believed money wasn't the most important thing and didn't want money from thieves.
8. He threw a large stick that made him fall.
9. They found many coins of all sizes and types.
10. Because he thought real police officers don't go to museums.
11. He went to the police station and asked them and learned they knew nothing about the matter.
12. He advised him to take it to the museum so it wouldn't be lost and would remain preserved.
13. One of the people at the coffee shop who turned out to be the gang leader.
14. He was grateful to him and realized the wisdom of his advice.
15. Through a gang member's phone and surveillance of the coffee shop.
16. He wanted to become a police officer.
17. He told the officers he was the reason for delaying the coin's delivery.
18. They saw a large collection of stolen coins.
19. The fisherman and the barista received rewards.
20. He advised him that he could be both a police officer and fisherman at the same time.

Summary

Read the scrambled summary of the story below. Write the correct number (1–10) in the blank next to each event to show the proper sequence.

___ حطّوا العُمْلة المعْدنية في المتْحف و إدّوا مُكافْأة لِلصّيّاد و القهْوَجي.

___ الصّيّاد شجّع إبْنُه يِبْقى ظابِط و صيّاد في نفْس الوَقْت.

___ الرّاجِل العجوز قال للصّيّاد يِوَدّي العُمْلة المعْدنية لِلمتْحف.

___ إبْن الصّيّاد صوّر الاِتْنين اللي انْتحلوا شخْصيةْ الظُّبّاط.

___ اِتْنين عملوا نفْسُهُم ظُبّاط جُم عشان يِقْبُضوا على الصّيّاد.

___ الصّيّاد هِرِب مِنْهُم و راح المرّة دي لِلشُّرْطة بِجدّ.

___ الرّاجِل العجوز اِشْترى سِنّارة جِديدة و راح يِصْطاد معَ صاحْبُه الصّيّاد.

___ القهْوَجي ساعِدْهُم يِقْبضوا على زعيم العِصابة.

___ الظُّبّاط لِقْيوا عُمْلة معْدنية كِتير في المكان السِّرّي بِتاع العِصابة.

___ لِقْيوا عُمْلة معْدنية في سمكة صُغيرّة.

Key to the Summary

9 The coins were placed in the museum and rewards were given to the fisherman and barista.

10 The fisherman encouraged his son to be both a police officer and fisherman at the same time.

3 The old man advised the fisherman to take the coin to the museum.

6 The fisherman's son photographed the fake officers.

4 Two fake officers came to arrest the fisherman.

5 The fisherman escaped from them and went to the real police.

1 The old man bought a new fishing rod and went fishing with his friend the fisherman.

7 The barista helped catch the gang leader.

8 The officers found many coins in the gang's hideout.

2 They found a coin in a small fish.

Egyptian Arabic Readers Series

www.lingualism.com/ear

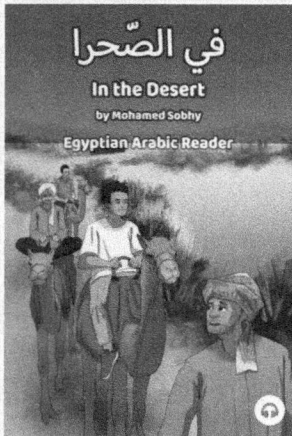

ميدان التّحْرير
Tahrir Square
by Mohamad Osman

أحْلام صامْتة
Silent Dreams
by Nourhan Sabek
Egyptian Arabic Reader

لعْنة الإسْكنْدر
Alexander's Curse
by Mostafa Abdel Nasser
Egyptian Arabic Reader

في الصَّحرا
In the Desert
by Mohamed Sobhy
Egyptian Arabic Reader

Egyptian Arabic Reader
أمل
Hope
by Nourhan Sabek

Egyptian Arabic Reader
الصَّداقة وَلّا الحُبّ؟
Friendship or Love?
by Nourhan Sabek

شيرِيهان
Sherihan
Egyptian Arabic Reader

سرّ النّجاح
The Secret of Success
by Mohamed Sobhy

جيتار الحُبّ
The Guitar of Love
by Mohamed Sobhy
Egyptian Arabic Reader

الدَّجّال
The Charlatan
by Mohamed Sobhy

كأنّي ببْصّ في المراية
Like Looking in a Mirror
Egyptian Arabic Reader

حكاية كلب بعْدل
A Dog's Tale

جَوازي صالوْنات
My Arranged Marriage
by Nourhan Sabek
Egyptian Arabic Reader

الصّيّاد و العُمْلة المعْدنية
The Fisherman and the Coin
by Mohamed Sobhy
Egyptian Arabic Reader

المومْيا
The Mummy
by Mohamad Osman
Egyptian Arabic Reader